Timmi und die alte Lokomotive

Peters-Bilderbuch von Ivan Gantschev

Text von Gerd Lobin

An einem Tag im Frühling bleibt Timmis Zimmer leer. Der Fußball liegt in der Ecke, und der Goldfisch Julius schwimmt traurig in seinem Glas. Timmi aber ist fröhlich. Papa hat Urlaub und ist mit ihm zum Eisenbahnmuseum am Rande der anderen Stadt gefahren. Seit Timmi zum Geburtstag eine Spielzeugeisenbahn bekommen hat, will er zu gerne einmal eine richtige Lokomotive sehen. Eine von den alten Lokomotiven, die mit Kohlen gefeuert werden und mit Wasserdampf fahren. Auf den Schienen beim Bahnhof um die Ecke rollen nur noch Dieselloks und elektrische Lokomotiven, die mit Drähten über den Gleisen angetrieben werden, aus denen manchmal Funken sprühen. Die neuen Loks sind zwar stärker und fahren schneller, aber sie haben nicht mal einen Schornstein wie die alten und Timmis kleine Spielzeuglokomotive, sein Geburtstagsgeschenk.

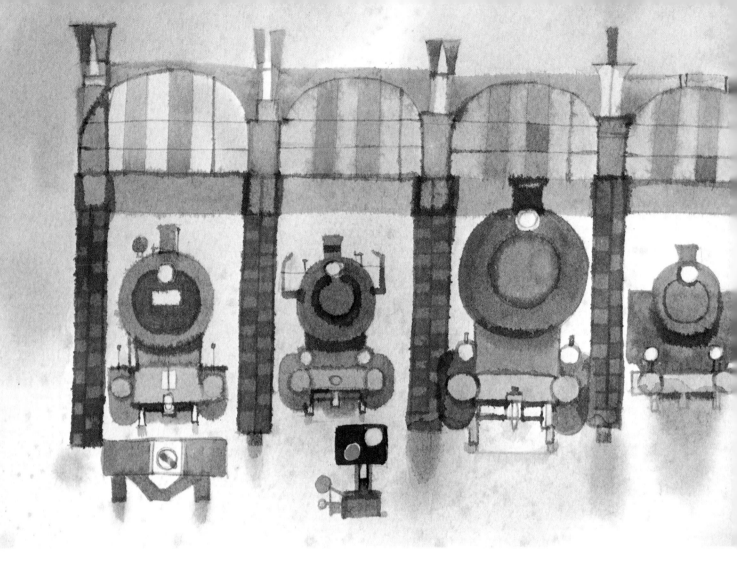

Im Eisenbahnmuseum sind viele Lokomotiven zu sehen, große und kleine. Eine steht unter Dampf und pfeift laut, als Timmis Vater sie fotografiert. Der Mann am Fenster der Lok schiebt mit dem Daumen die schwarze Eisenbahnermütze aus dem Gesicht. Der Heizer hinter ihm schaufelt Kohlen in den Feuerofen. Timmi staunt, wie groß eine richtige Eisenbahn ist. Die Lokomotive pfeift noch einmal, und der Lokführer ruft: »Einsteigen, wir machen eine Probefahrt!« Da wünscht sich Timmi, Lokführer auf einer großen Dampflokomotive zu sein.

In der Nacht hat Timmi einen wundersamen Traum. Er ist mit seiner kleinen Lok wieder im Eisenbahnmuseum, aber da steht nur eine einzige Lokomotive, und Timmi ist ganz allein. ›Ich heiße Berta‹, sagt die große Lokomotive. ›Steig ein, wir wollen abfahren.‹

Timmi hat Mühe, auf den Führerstand zu klettern. ›Wenn ich losfahren soll, mußt du den großen Hebel herumwerfen‹, sagt die Lokomotive Berta.

Timmi tut es, und schon rollt Berta fauchend und dampfend hinaus ins Freie. Timmi hat glänzende Augen. »Jetzt fahren wir um die weite Welt«, jauchzt er.

›Wir brauchen noch Kohlen und Wasser‹, faucht Berta,
›sonst kommen wir nicht weit.‹ Sie rollt zum Vorratsbunker.
›Du mußt nachher tüchtig Kohlen schaufeln, Timmi, damit
ich Dampf kriege und wir schnell vorankommen.‹

Hinter dem Bahnhof liegt gleich das Mondland.
Die Bäume werfen schwarze Schatten, und die
Eule wundert sich über das große Dampfroß mit
dem kleinen Jungen. ›Timmi‹, ruft sie, aber Timmi
hat keinen Blick für den Nachtvogel. Er muß
Kohlen schippen.

Berta macht Dampf auf. So kommen sie ins
Waldland und fahren mitten durch den Urwald.
Die Tierkinder machen große Augen, und der alte
Affe hält Berta für ein Ungeheuer. »Halt mal an«,
bittet Timmi. »Wir sind in Afrika.« ›Keine Zeit, keine
Zeit‹, keucht Berta. ›Wir müssen weiter, wir wollen
doch um die Welt.‹

Dann fahren sie ins Sonnenland. Timmi sieht Tiere,
die auf den Hinterbeinen hüpfen und große
Sprünge machen. ›Känguruhs‹, sagt Berta. »Dann
sind wir ja in Australien«, staunt Timmi. »Känguruhs
gibt es nur in Australien und im Zoo.«

Die Lokomotive Berta pfeift, als sie über eine große Brücke
in ein Land rollt, wo viele Blumen blühen.

›Das ist das Blumenland‹, prustet Berta. Timmi sagt gar nichts.
Er schaufelt Kohlen und schwitzt. Es ist warm im Blumenland.

Sie kommen in ein Land mit
hübschen Häusern, schönen
Gärten, freundlichen
Menschen und großen
Schiffen, die viele Gäste
bringen. »Das ist das Ferien-
land«, sagt Timmi. »Hier bin
ich schon mit meinen Eltern
gewesen.«

Auf der Lokomotive wird es plötzlich kalt.
Timmi friert, obwohl er einheizt. Brrr, ringsumher nur Eis und
Schnee, und hinter einem Tunnel schwimmt ein Eisbär im
Wasser. ›Das Eisland‹, sagt Berta. Timmi klappert mit den
Zähnen und denkt, das könnte auch der Nordpol sein.

Da sieht Timmi ein großes Fährschiff, eines von denen, die
in ihrem Bauch Autos, Lastwagen, ganze Eisenbahnzüge
und viele Menschen transportieren können. Damit fahren
wir jetzt nach Hause, denkt er. Beim Näherkommmen wird
aus dem Schiff ein riesiger Wal. Berta dampft noch immer,
als sie auf dem Wal übers weite Meer schwimmen. Timmi
ist müde vom vielen Sehen. Ihm fallen die Augen zu.

Da pfeift Berta schrill, laut und lange. Timmi hält sich die Ohren zu und blinzelt. Er liegt in seinem Bett, die Sonne lacht durchs Fenster, und als er sich verwundert die Augen reibt, verfliegen schnell die Bilder seiner Traumreise um die Welt: das Mondland mit der neugierigen Eule, das Waldland mit dem alten Affen auf dem Baum, das Sonnenland mit den hüpfenden Känguruhs, das Fährschiff, aus dem schließlich ein Wal wurde. Die sprechende Lokomotive Berta ist abgedampft. Zurückgeblieben ist nur Timmis Spielzeugeisenbahn. Es war auch nicht Berta, die so laut gepfiffen hat, sondern Timmis Wecker hat geklingelt. Timmi springt schnell aus dem Bett. Er muß zur Schule. Dort wird er den anderen seine Lokomotive zeigen und ihnen von seinem Besuch im Eisenbahnmuseum erzählen.

PETERS INTERNATIONAL

unter dieser anspruchsvollen Bezeichnung legt der Dr. Hans Peters Verlag preiswerte
Bilderbücher international bekannter Künstler vor sowie
Bilderbücher von Illustratoren und Autoren aus zahlreichen Ländern,
deren Qualität eine internationale Verbreitung wünschenswert erscheinen läßt.

Bisher sind folgende Titel erschienen:
›Schlaf, Kindlein schlaf‹ von Sofie Frenzel (Deutschland)
›Widele, wedele‹, von Sofie Frenzel (Deutschland)
›Der Kirschbaum‹ von Ivan Gantschev (Bulgarien)
›Der alte Apfelbaum‹ von Masako Matsumura (Japan)
›Max, die Vogelscheuche‹ von Marie-José Sacré (Belgien)
›Sonja und der Bär‹ von Marie-José Sacré (Belgien)
›Micha und das Schloßgespenst‹ von Agustí Asensio Saurí (Spanien)
›Flori‹ von Michèle Lemieux (Kanada)
›Micha und die Drachen‹ von Agustí Asensio Saurí (Spanien)
›Ich und der Sturm‹ von Chantal Vandenberghe (Frankreich)
›Timmi und die alte Lokomotive‹ von Ivan Gantschev (Bulgarien)

© 1986 by Dr. Hans Peters Verlag · Hanau · Salzburg · Bern
für die deutschsprachige Ausgabe
© by Gakken Co. Ltd., für die japanische Ausgabe
Alle Rechte dieser Ausgabe beim Dr. Hans Peters Verlag, Hanau
Printed in Japan
ISBN 3-87627-713-2